AF394853

Thèse

POUR LA LICENCE.

L'Acte public sur les matières ci-après sera soutenu,
le jeudi 17 janvier 1856, à onze heures,

Par JULES DUFRENOY, né à Colligis (Aisne).

Président : M. DURANTON, Professeur.

Suffragants :
MM. PELLAT,
ROUSTAIN,
DUVERGER,
DEMANGEAT,

Professeurs.

Suppléant.

*Le Candidat répondra en outre aux questions qui lui seront faites
sur les autres matières de l'enseignement.*

PARIS.

CHARLES DE MOURGUES FRÈRES, SUCCESSEURS DE VINCHON,
Imprimeurs de la Faculté de Droit,
RUE J.-J. ROUSSEAU, N° 8.

1856.

191

A MON PÈRE.

A LA MÉMOIRE DE MA MÈRE.

A MON ONCLE,

Juge de paix.

JUS ROMANUM.

DE DIVORTIIS ET REPUDIIS.
(Dig., lib. xxiv, tit. 2.)

Matrimonium, sive justæ nuptiæ, id est, viri et mulieris conjunctio individuam vitæ consuetudinem continens, a civibus romanis contrahitur, qui secundum præcepta legum coeunt. Præcipuæ justarum nuptiarum conditiones sunt : pubertas, consensus, tam ipsorum conjugum quam patrisfamilias et hujus cui heredes sui futuri sunt liberi ex matrimonio procreati ; deinde connubium, id est, mutua capacitas inter se conjungendi.

Pluribus modis solvitur matrimonium : divortio, morte, captivitate, vel alia contingente servitute alterutri eorum (L. 1, h. t.).

Divortium, de quo nobis loquendum est, dictum est, vel a diversitate mentium, vel quia in diversas partes eunt qui distrahunt matrimonium (L. 2, pr., h. t.).

Non est divortium, nisi animo perpetuam constituendi dissensionem fiat. Repudium igitur missum in calore iracundiæ, vel alia levi de causa, in qua perseverantia non appareat, nullum habet effectum (L. 3, h. t.).

Ex antiquo jure, nulla solemnitas ad divortium requirebatur, nisi tamen uxor in manu viri esset. Sed lege Julia, *de adulteriis*, certa forma divortiis constituta est : id est, nullum divortium ratum esse, nisi septem civibus romanis puberibus adhibitis, præter libertum ejus qui divortium facit, per quem libellus mittitur (L. 9, h. t.).

In repudiis erant solemnia verba : *tuas res tibi habeto*, vel : *tuas res tibi agito* (L. 2, § 1, h. t.).

Ejus a quo divortitur nec voluntas, nec scientia requiritur. Itaque nihil interest utrum ipsi præsenti renuntietur conjugi, an ei absenti, et in hoc casu, sive per eum qui in potestate conjugis sit, sive per eum in potestate cujus is eave sit (L. 2, § 3, h. t.).

Inde fit ut furiosa uxor repudiari possit, quia ignorantis loco habetur; repudiare autem non potest, neque ipsa propter dementiam, neque curatorem ejus, quia requiritur voluntas divortendi in repudiante. Pater tamen furiosæ repudium mittere potest, si patriam habeat potestatem (L. 4, h. t.).

Patrono invito liberta, quam in matrimonio habuit, ab eo discedere non potest, et ei cum nullo alio connubium est, nisi ex causa fideicommissi manumissa sit, aut qualiquali voluntate patronus intelligi possit animum habere desisse quasi in uxorem (L. 10, L. 11, § 2, h. t.).

Si filia emancipata idcirco divertat, ut maritum lucro dotis profectitiæ adficiat, patri succurrendum est, ne dotem perdat.

---

(1) Tu quidem, ob istud dirum facinus, confestim thoro meo diverte, res tuas tibi habeto.

(APULEIUS, *Metamorphoseon*, lib. v.)

Danda igitur est ei dotis actio, atque si in matrimonio decessisset filia (L. 5, h. t.).

Sic punitur conjux propter cujus culpam divortium fit; quod ad mulierem spectat , si graviores sint mores , sextæ dotis partes a viro retinentur; si leviores, octavæ tantum. Graviores mores sunt adulteria; leviores omnes reliqui (Ulp., reg., tit 6, § 12).

Quod ad maritum attinet, mores ita puniuntur : si graviores sint, præsentem reddit dotem quam annua, bima, trima die restituere debuisset ; si leviores, senum mensum die, scilicet. sex menses ex quoque anno eximentur. In ea autem dote quæ præsens reddi debet, tantum ex fructibus jubetur reddere, quantum in illa dote quæ triennio redditur, repræsentatio facit (1) (Ulp., *ibid.*, § 13).

At cum uterque conjux in culpa fuerit, pœna cessat ; paria enim delicta mutua pensatione dissolvuntur (L. 39 , *solut. matrimon.*).

Utrum apud patrem, an apud matrem, divortio facto, liberi morari ac nutriri debeant, judex æstimabit (C., L. 1, *divort. facto*).

SOLUTO MATRIMONIO, QUEMADMODUM DOS PETATUR.

(D., lib. xxiv, tit. 3.)

Dos est quidquid viro a muliere , aut ab alio, mulieris nomine, datur, dicitur vel promittitur, ad sustinenda matrimonii onera.

Ipsa mulier quæ nuptura est, aut debitor jussu ejus, aut pater, aut avus paternus, soli possunt dicere dotem; dare vel promittere licet omnibus.

---

(1) C'est-à-dire que le mari doit restituer, outre la dot, une quantité de fruits correspondante au temps dont la restitution est avancée.

6

Dotis datæ vir dominus fit ; dictæ vel promissæ, tantum, creditor.

Dos aut profectitia dicitur, id est, quam pater mulieris vel avus paternus dedit; aut adventitia, id est, ea quæ a quovis alio data est. Adventitia autem dos receptitia dicitur, si is qui dedit, ut sibi redderetur stipulatus fuerit.

Nobis videndum : 1° quando et cui dos restitui debeat ; 2° quomodo reddatur ; 3° quæ actiones ad restitutionem dotis competant.

I. *Quando et cui dos restitui debeat.*

Dotis, cum data sit ad sustinenda matrimonii onera, quamdiu durat individua vitæ consuetudo, tamdiu cessat repetitio, excepto tamen casu in quo maritus prope est ut non solvendo fiat (L. 24, pr., h. t.). Soluto autem matrimonio, dotis restitutioni locus est.

Distinguendum quomodo solutum sit matrimonium : morte mulieris, morte mariti aut divortio.

Mortua in matrimonio muliere, profectitia dos ad patrem revertitur, sive emancipata fuerit mulier, sive non (L. 59, h. t.), quintis partibus in singulos liberos viro relictis, quia onera educationis apud eum remanent (Ulp., reg., tit. 6, § 4). Si pater non sit, ad maritum remanet.

Adventitia autem dos semper penes maritum manet, præterquam si is qui dedit, ut sibi redderetur stipulatus fuerit, vel si maritus occiderit uxorem (L. 10, § 1, h. t.).

Ex constitutione Justiniani, nec profectitia, mortuo patre, nec adventitia dos apud maritum remanet, sed ab heredibus mulieris repeti potest, quia mulier intelligitur tacite stipulata sibi, soluto matrimonio, dotem reddi (C., L. un., § 6 et 13, *de rei ux.*).

Superstes mulier habet dotis repetitionem, si sui juris est, nec interest utrum adventitia sit dos, an profectitia.

Quod si in potestate patris sit mulier, pater, adjuncta filiæ persona, habet actionem, sed non aliter quam ex voluntate filiæ petere dotem potest (L. 34 et 2, § 1, h. t.). Voluntatem autem sic accipimus, ne contradicat filia, et Julianus scripsit quasi ex voluntate filiæ videri experiri patrem, si furiosam habet filiam; sed si absens est et sapit, scire eam exigemus (1).

Conveniri potest maritus ad dotis restitutionem, sive ipsi dos data sit, sive alii, ex voluntate mariti, vel subjecto juri ejus, vel non subjecto.

Si filiusfamilias sit maritus, et dos socero data sit, aut filio jussu soceri, in solidum socer tenebitur.

Quod si filio data sit injussu patris, ipse quidem dotis actione tenetur; pater autem damnatur ad id quod est in peculio, vel si quid in rem versum est.

Sin autem socero dotem dederit, cum marito non poterit experiri, nisi patri heres exstiterit.

Cum divortio solvitur matrimonium, culpa mulieris, aut parentis cujus in potestate est, præter retentionem propter mores, de qua supra locuti sumus, aliam habet retentionem maritus propter liberos : sextas enim, nomine singulorum liberorum, retinet, non tamen plures quam tres, quæ sextæ in retentione sunt, non in petitione. Præterea retentio fit propter res donatas, propter res amotas, aut propter impensas (Ulp., reg., t. vi, § 9 et 10).

Captivitate soluto matrimonio, nondum restitutioni dotis locus est, propter spem postliminii; sed si in captivitate deces-

---

(1) Nous voyons dans la loi 22, § 6, *in fine*, que le père peut quelquefois agir sans sa fille. Au contraire, il y a des cas où la fille, même *non sui juris*, peut agir seule (D., L. 22, § 4, 10 et 11, et L. 42).

serit conjux, superstes dotem habebit, quasi morte solutum
fuisset matrimonium.

II. *Quomodo dos reddatur.*

Ex antiquo jure, soluto matrimonio, res dotales diverso,
quoad' modum et tempus, maritus restituere debebat, prout in
quantitate, vel in specie consisterent, et in hoc casu, prout sine
æstimatione, aut æstimatæ datæ fuissent.

Si dos in quantitate, id est, pondere, numero, mensurave
constaret, annua, bima, trima die reddebatur, nisi ut præsens
redderetur convenisset (1). Dos autem si in specie constaret, et
cum æstimatione data fuisset, quantitatis, non corporis certi
debitor fiebat maritus, quia venditionem continebat æstimatio
et iisdem tantum diebus reddere poterat.

Si res dotales in specie constarent et non æstimatæ fuissent,
meliores et deteriores mulieri erant, statimque, soluto matrimonio, reddebantur quales erant et citra culpam mariti.

Novo jure, ex constitutione Justiniani, res immobiles statim,
res mobiles aut incorporales intra annum a soluto matrimonio
restituuntur (C., L. un,, § 7, *de rei uxor. act.*).

Dos restitui debet cum suis accessionibus; alluvio fundorum,
soboles servi (L. 10, § 1 et 2, *de jure dot.*), hæreditas aut legatum
servo dotali, non contemplatione mariti relictum, ampliant
dotem (L. 47, *de jure dot.; L.* 31, § 4, h. t.), non secus ac quidquid maritus percepit ex rebus dotalibus, cum in fructu non
est, veluti arbores non cæduæ; quin et fructus ante nup-

---

(1) Res in dotem datæ, quæ pondere, numero, mensurave constant, mariti peri-
culo sunt, quia in hoc dantur, ut eas maritus ad arbitrium distrahat, et quandoque
soluto matrimonio, ejusdem generis et qualitatis alias restituat (L. 42, *de jure dot.*).

tias percepti, quasi dotis facti (L. 7, § 12 et 13; L. 6, h t.; L. 7, § 1, *de jure dot.*).

Fructus proprie dicitur quod ex aliquo corpore nascitur et renascitur : ad maritum remanet ut onera matrimonii sustineat. Quare, soluto matrimonio, ratio præteriti temporis habetur : si per tres menses duraverit matrimonium , quartam fructuum partem maritus exigere poterit.

Nunc quæritur, utrum ex die nuptiarum, an ex die traditi marito fundi , maritus sibi computet tempus ? In fructibus retinendis neque dies dotis constitutæ, neque nuptiarum obser- vabitur, sed quo primum prædium dotale constitutum est, id est, tradita possessione. Et, si ante nuptias fundus traditus est, ex die nuptiarum ad eumdem diem sequentis anni computandus annus est, aucta dote fructibus intra possessionem traditam et nuptiarum diem natis.

Ex fructibus deducitur quod in arando serendoque agro im- pensum est. Sed hæ impensæ non numerantur, cum maritus fructum totius anni retinet , quia ex fructibus prius impensis satisfaciendum est.

Si ususfructus in dotem datus sit, quæritur utrum fructus reddendi sunt, necne ? Celsus ait interesse quid actum sit, et nisi appareat aliud actum, putare se jus ipsum in dote esse, non etiam fructus qui percipiuntur (L. 7, § 2, *de jure dot.*).

III. *Quæ actiones ad dotis restitutionem competant.*

Sub Pandectarum jure, duæ erant actiones, quibus dos repeti poterat : actio stipulatu, et actio rei uxoriæ.

Actionem rei uxoriæ habebat pater aut filia ad recuperandam dotem. Præterea actione ex stipulatu agere poterat, ut sibi red- deretur, si quis stipulatus fuisset.

Extraneo autem prima non competebat; tantum actio ex stipulatu, si stipulatio, aut præscriptis verbis actio, si simplex pactum de dote restituenda interfuisset.

Cum bonæ fidei esset actio rei uxoriæ, pecuniæ dotalis usuræ veniebant ex mora.

Cum autem stricti juris esset actio ex stipulatu, non veniebant usuræ.

Prima, dos quæ pondere, numero, mensurave constabat, admissa dilatione, reddebatur. Retentiones ex dote fiebant, ut supra diximus. Dein maritum in id quod facere poterat, condemnatum esse exploratum erat.

Contra, actione ex stipulatu, nec retentiones admittebantur, nec dilatio, et in solidum damnabatur maritus.

Actio ex stipulatu adversus heredes et heredibus transibat; actio autem rei uxoriæ non heredibus transibat, nisi lite contestata, aut nisi vir uxorem suam occiderit.

Omnes hæ differentiæ sublatæ fuerunt, regnante Justiniano, cum hic imperator duas actiones in unam transfusit, quam ex stipulatu appellavit et dedit omnibus. Præterea Justinianus hanc actionem bonæ fidei esse voluit.

Dedit etiam mulieri hypothecam ad dotis restitutionem in bonis mariti, qua creditoribus anteponitur, etsi jam utilem ante matrimonium hypothecam accepissent.

Actio exstinguitur solutione in integrum dotis.

Maritus in id tantum quod facere potest, et non in solidum, condemnatur. Sed hoc beneficium heredi extraneo non est præstandum, quia personale est et cum persona exstinguitur (L. 12 et 13, h. t.).

Rei judicatæ tempus spectatur quatenus facere potest.

Socero quoque cum quo nurus de dote agit, hoc beneficium est præstandum, quia in loco parentis habetur.

Etiam liberos mulieris, qui patri heredes exstiterunt, in id quod facere possunt, condemnandos Labeo ait (L. 18, pr., h. t.).

DE AGNOSCENDIS ET ALENDIS LIBERIS, VEL PARENTIBUS, VEL PATRONIS, VEL LIBERTIS.

(Dig., lib. xxv, tit. 3.)

Communia mutui amoris pignora, liberi, sicut nos docet naturalis ratio, educandi atque alendi sunt, et illos necare videtur qui alimenta denegat. Sed ante omnia necesse est cognationis vinculum inter parentes et liberos agnosci. Nobis igitur videndum quomodo agnoscantur liberi, deinde quid ad alimentorum obligationem pertineat.

I. *De agnitione liberorum.* — Agnoscendi sunt liberi tam per quam post matrimonium aut mortem patris nati; quare duo lata sunt senatusconsulta : Plancianum nempe, ante Adriani tempora conditum, et alterum regnante Adriano.

Senatusconsultum Plancianum, quod attinet ad eos liberos quibus mulier, divortio facto, se prægnantem dicit, duas species complectitur : unam eorum qui agnoscunt, aliam earum quæ falsum partum subjiciunt, quod in falsi crimen incidit (L. 30, § 1, leg. Cornel., *de falsis*).

Prima specie cautum est debere mulierem parentemve in cujus potestate est, vel eum cui mandatum ab eis est, denuntiare, intra dies triginta continuos ex die divortii, quandoque causa cognita post dies triginta, marito parentive in cujus potestate is est, aut ad domum ejus, si nullius eorum copiam habent, se ex eo prægnantem esse. Tunc maritus debet vel mittere ventri custodes, vel denuntiare uxorem ex se non esse prægnantem (L. 1, § 1, 2, 3, 4, 7 et 9, h. t.).

Denuntiatione facta, maritus qui neque denuntiavit contra, neque custodes misit, partum cogitur agnoscere, ni malit extra ordinem coerceri. Tamen judex audire debet maritum desiderantem probare partum non esse suum; licet, donec probaverit, ad alimenta obstrictus maneat (L. 1, § 4 et 14, h. t.).

Denuntiatione non facta, quamvis denuntiatio a muliere incipere debeat, tamen maritus ultro custodes offerre potest, quos si uxor arbitrio judicis non admiserit, liberum est marito partum non agnoscere (L. 1, § 5 et 6, h. t.).

Cæterum, si quid vel ex parte mulieris, vel ex parte mariti peccatum sit, nihil hoc partui edendo nocet, nec si intra trigesimum diem a divortio facto, sine ulla denuntiatione, partum edat mulier (L. 1, § 8, 10 et 13, h. t.).

Si constante matrimonio partus editus sit, senatusconsulto tempore Adriani condito locus est.

Pater is est quem nuptiæ demonstrant. Partum tamen agnoscere maritus non cogitur, si manifeste docuerit eum ex se conceptum non esse; sic, cum per decennium absens fuit pater et domum reversus, anniculum invenerit. Item, si constat maritum aliquandiu cum uxore non concubuisse propter infirmitatem, vel propter aliam causam generare non potuisse, dicendum est partum ex conjuge natum mariti non esse (L. 6, *de his qui sui vel alien.; L. 1, § 14, h. t.).*

Si controversia sit utrum in matrimonio, an postea editus sit partus, vel an mulier fuerit uxor, necne, ex duobus istis senatusconsultis agendum erit.

Hæc senatusconsulta pertinent tantum ad eos qui sui heredes nasci debent; cæterum, si forte in potestate recasuri non sint, tenendum est senatusconsulta cessare. Quare, si pater, antequam sententia feratur, decesserit, cessat præjudicium; et si pubes sit is cujus de statu agitur, ei supererit, in hoc casu, hereditatis petitio, in qua quæretur utrum ex eo natus sit cujus hereditatem petit, an non; sin impubes, transeundum ad Carbonianum edictum, quo impubes qui defuncti se dicit filium, bonorum possessionem petit, dilata in pubertatis tempus controversia de suo statu (L. 1, pr., *de Carbon. edicto.*)

II. *De alimentis.* — Agniti liberi a parentibus alendi sunt, et necare videntur qui alimonia denegant. Et cum hæc obligatio æquitate et caritate sanguinis descendit, pater alere debet, non solum suos, sed etiam emancipatos et ex alia causa sui juris constitutos, et vice versa (L. 5, § 1, h. t.).

Quod si pater inops sit aut mortuus, matri opulentæ incumbit onus liberos egenos alendi. Item mater, si pater incertus sit, liberos vulgo conceptos alere debet (Novell. 117, cap. 7; L. 5, § 4, h. t.).

Deficientibus patre et matre, onus alendi incumbit avo paterno et materno cæterisque ascendentibus; sed in hoc casu multum arbitrio judicis relictum est (L. 5, § 2 et 5, h. t.).

Vice mutua, parentes inopes a liberis alendi sunt. Ipse filius ex vago matris concubitu conceptus, ad alimenta ei præstanda cogi potest (L. 5, § 4, h. t.).

Verbo alimenta continentur, victus, amictus et habitatio, quia sine his ali corpus non potest.

Constituuntur alimenta pro modo facultatum. Quod si non præstentur, pignoribus captis et distractis, sententiæ cogitur satisfacere. Tamen, si quis ad alimenta præstanda interpellatus sese patrem neget, non alimenta decernenda videntur, nisi postquam summatim de ea re cognitum fuerit (L. 5, § 8 et 10, h. t.).

Cessat alimentorum præstandorum onus, si liberi validi et vigentes victum et amictum sibi parare queunt. Cessat adhuc, si ex bonorum adventitiorum reditu sese possit exhibere filius, aut si ingratus erga parentem juste ab eo exheredari possit (L. 5, § 7 et 11, h. t.).

Constat alimenta cum vita finiri (L. 8, § 10, *de transact.*).

Alimenta autem pro modo facultatum a libertis præstanda

sunt egentibus patronis, et causa cognita judices decernunt liberos patronorum alendos, non quidem tam facile quam patronos,
sed nonnunquam et ipsos. Nam et obsequium non solum patronis, sed etiam liberis eorum præstare debent liberti (L. 5, § 19,
et 20, h. t.).

Si patronus paupertate aut valetudine laboratus, a liberto derelictus est, primum in potestate patroni redigitur; sin autem
nec hoc modo admoneatur, a præside emptori addicitur et pretium patrono tribuitur (L. 6, § 1, h. t.).

Patronus autem liberto alimenta præstare debet, quæ si non
præstat, amissione libertatis causa impositorum et hereditatis
liberti punietur (L. 6, pr., h. t.).

DE OBSEQUIIS PARENTIBUS ET PATRONIS PRÆSTANDIS.
(Dig., lib. xxxvii, tit. 15.)

Liberto et filio semper sanctam et honestam oportet esse parentis patronique personam : quippe cui vitæ vel naturalis, vel
civilis initia debent (L. 9, h. t.). Quare honorem ipsis et reverentiam ac obsequia præstare debent : inde hæc consequentia
parentes vel patronos a liberis aut libertis nec in jus vocari
posse sine prætoris auctoritate, nec actione famosa conveniri,
licet per procuratorem sese defendant; nec denique condemnatos excuti ultra quod facere possunt; quin imo egenos a liberis
libertisque alendos esse (L. 4, § 1, *de in jus voc.*; L. 5, § 1, h. t.;
L. 7, § 1, *ibid.*).

Si filius erga matrem aut patrem quos venerari debet, non
modo pietatis et venerationis officia neglexerit, sed et pietati
contraria commiserit, varie coercetur. Si enim parentes maleficos appellaverit, indignus militia creditur, si eos contumeliis
adfecerit, vel impias manus eis intulerit, præfectus urbis hoc
delictum ad publicam pietatem pertinens pro modo ejus vin

dicat. Nec excusatur filius, quòd miles sit; nam etiam militibus pietatis constare debet ratio in parentes (L. 1 , pr. , § 2 et 3 , h. t.).

Quod ad libertos attinet, cum ingrati sunt, competit adversus eos accusatio ingrati liberti , ex lege Ælia Sentia , et ex imperatorum diversis constitutionibus , puniuntur variis modis , secundum delicti gravitatem : sæpe relegatione , imo et aliquando in servitutem patroni revocatione , cum sit atrox injuria.

Gaii Instit., Comment. 1, § 48–96.

De jure personarum est certa divisio; nam quædam personæ sui juris sunt, quædam alieno juri sunt subjectæ, quarum aliæ in potestate, aliæ in manu, aliæ in mancipio sunt.

In potestate dominorum sunt servi , qui nascuntur, aut fiunt ex jure gentium, vel jure civili. Domini in servos vitæ necisque potestatem habent , et quodcumque per servum acquiritur, id domino acquiritur. Solvitur hæc potestas variis modis, id est , censu , vindicta , testamento, vel aliis non solemnibus modis.

Nos docet historia quot et quantis injuriis domini in servos sævierint. Sed mitigata paulatim fuit illa potestas dominica, et sub tempore Gaii, nec civibus romanis, nec ullis aliis hominibus qui sub imperio populi romani erant, licebat supra modum et sine causa in servos suos sævire.

Item in potestate nostra sunt liberi quos justis nuptiis procreavimus, quod jus proprium civium romanorum est. Ad matrimonium , seu justas nuptias , tria sunt necessaria : pubertas, consensus, connubium. Connubium habent cives romani cum civibus romanis, cum Latinis autem vel peregrinis, ita tantum si concessum fuerit.

Non omnes nobis uxores ducere licet. Inter eas enim perso-

nas, quæ parentum liberorumve locum inter se obtinent, nuptiæ
contrahi non possunt, nec inter eas connubium est. Inter eas
•quoque personas quæ ex transverso gradu cognatione jungun-
tur, est similis observatio, sed non tanta. Denique, nec eadem
mulier duobus nupta esse potest, nec idem vir duas uxores
habere.

Supra diximus patriam potestatem consequentiam esse justa
rum nuptiarum. Tamen lex Ælia Sentia et Junia lex, Augusto
regnante latæ, duos introduxerunt modos quibus liberi, qui
antea non erant in patria potestate, in hanc potestatem veniebant. Sed isti modi jus libertinorum latinorum spectabant, et
cum illo ceciderunt.

Primo locus erat, cum Latinus uxorem ducens coram testibus
affirmaverat ducere liberorum quærendorum causa; postea, si,
filio anniculo facto, apud prætorem vel præsidem provinciæ
causam probaverat, fiebat civis romanus, et simul filium in
potestate sua habere incipiebat.

Secundo locus erat, cum civis romanus errore duxerat liber-
tam latinam, aut vice versa. Si filium procreavisset, hic non
erat in potestate, quia ne quidem civis romanus erat, sed Latinus, id est ejus conditionis cujus et mater erat, quia non aliter
quisquam ad patris conditionem accedebat, quam si inter
patrem et matrem ejus connubium esset: permittebatur igitur
errorem probare, et ita uxor quoque et filius ad civitatem ro-
manam perveniebant, et ex eo tempore incipiebat filius in
potestate patris esse.

POSITIONES.

I. Dos profectitia ad patrem revertitur, etiamsi emancipata
fuerit filia in matrimonio defuncta.

II. Si avus nepti dotem dederit, pater intermedius, avo mortuo, dotem repetet, si quidem avus contemplatione patris dotem dedit, non vero si neptis intuitu.

III. Maritus qui, divortio facto mulieris culpa, solvit omnem dotem nec sextas nomine liberorum retinuit, has non repetere potest.

IV. Si marito evicta est res dotalis æstimata ex causa matrimonium antecedente, non tenebitur dotis æstimationem mulieri restituere, nisi aliquid evictionis nomine obtinuerit.

V. Si mulier sciens inopi nupserit, dotis repetitionem non habebit.

VI. Sicut liberi ex concubina nati, non sunt alendi qui ex damnato coïtu nati sunt.

VII. Frater inops a fratre opulento ; item uxor egens a marito et maritus ab uxore ali debent.

VIII. Maritus non semper cogitur agnoscere partum in matrimonio editum.

IX. Ex eo quod pater non contra denuntiaverit mulierem ex se non esse prægnantem, et sic agnovisse videatur, non plane probatur filium qui nascitur suum esse.

X. Parenti et patrono jusjurandum deferentibus jurare de calumnia non remittitur.

DROIT FRANÇAIS.

DU MARIAGE.

Le mariage est la société de l'homme et de la femme qui s'unissent pour perpétuer leur espèce, pour s'aider par des secours mutuels à porter le poids de la vie, et pour partager leur commune destinée (Portalis).

De tous les engagements que l'homme peut former, c'est sans contredit le plus important.

Source des familles, dont la société n'est que la réunion, le mariage est la base de l'ordre social; aussi a-t-il toujours été, chez les peuples civilisés, l'objet de la sollicitude particulière du législateur.

Chez toutes les nations aussi, le mariage a été un acte religieux placé sous l'invocation de la Divinité; le christianisme l'a élevé à la dignité de sacrement.

Dans notre ancienne jurisprudence, le contrat civil et le sacrement de mariage étaient presque confondus. Ce ne fut qu'en 1789 que cet état de choses cessa et qu'on établit une séparation complète entre la loi civile et la loi religieuse. **La constitution du 3 septembre 1791 (tit. ii, art. 7) posa en principe que la loi ne considère le mariage que comme un contrat civil**, principe auquel les rédacteurs du Code sont restés fidèles.

En conséquence, quoique l'Église soit toujours appelée à bénir les époux (1), la validité du mariage dépend uniquement de l'observation des règles prescrites par la loi civile. Nous ne l'envisagerons donc, avec le législateur, que comme un contrat purement civil.

Étant la source unique de la famille, la seule cause de la parenté légitime et de tous les droits et devoirs qui en dérivent, le mariage produit de nombreux et importants effets, soit quant à la personne, soit quant aux biens des époux.

Dans les premiers chapitres du titre du Mariage, la loi s'occupe beaucoup de l'homme physique, de sa capacité comme souche de famille (144) et de sa capacité comme partie contractante (146). Dans ceux que nous avons à traiter, la loi envisage l'homme moral et le suit dans ses relations avec sa famille (203 et suivants).

Le mariage légalement contracté fait naître des obligations qui, se concentrant d'abord dans la personne des deux époux, s'étendent ensuite aux enfants, à la famille. Nous nous occuperons donc d'abord du chapitre VI, pour revenir ensuite au chapitre V.

CHAPITRE VI.

DES DROITS ET DES DEVOIRS RESPECTIFS DES ÉPOUX.
(Code Nap., art. 212-226.)

Le mariage soumet les époux à de grandes obligations, obli-

---

(1) La bénédiction nuptiale ne peut être donnée qu'après la célébration du mariage civil (C. pén., 199-200).

gations qui ont leur principe dans la morale, dont la loi n'est ici que l'interprète ; ils se doivent mutuellement fidélité, secours, assistance (212). Le secours consiste surtout dans la prestation en nature ou en argent des choses nécessaires à la vie, tandis que l'assistance consiste plutôt dans les soins personnels tant en santé qu'en maladie.

La fidélité est due par chacun des époux au même titre ; cependant, comme nous le verrons en traitant de la séparation de corps, la loi punit plus sévèrement l'infidélité de la femme.

Ces devoirs réciproques de fidélité, de secours et d'assistance ne sont pas les seuls que la loi impose aux époux ; le mari doit protection à sa femme, la femme obéissance à son mari (213).

Cette disposition de l'art. 213 résulte de la destination différente de l'homme et de la femme. Le mariage étant une société, il fallait accorder la prééminence à l'un des associés. Or, la nature, en donnant à l'homme la force et l'audace, à la femme la faiblesse et la timidité, indiquait assez qu'au mari devait appartenir le rôle de protection, à la femme celui d'obéissance. Quant à la prétendue rigueur du mot *obéissance*, elle est suffisamment tempérée par le corrélatif *protection*, qui fait bien voir que la puissance maritale n'est et ne doit être qu'une puissance de protection, et non pas d'oppression.

Le principe de l'autorité maritale tient essentiellement à l'ordre public et à l'organisation de la famille ; aussi, les conventions matrimoniales ne peuvent-elles détruire ni limiter cette autorité (1388).

Une première conséquence de la puissance maritale, c'est que la femme est obligée d'habiter avec son mari et de le suivre partout où il juge à propos de résider ; de son côté, le mari est obligé de recevoir sa femme, et de lui fournir tout ce qui est nécessaire pour les besoins de la vie, selon ses facultés et son état (214).

La femme est donc tenue de suivre partout son mari, dont le domicile est le sien (108), même en pays étranger, ce que n'admettaient pas les coutumes. Il faut cependant excepter le cas où l'émigration serait défendue par une loi politique; car alors l'obéissance de la femme ne serait plus un devoir, mais un délit. De plus, si le mari n'avait pas de demeure fixe, si le logement qu'il habite n'était pas convenable, décent, la femme pourrait délaisser la maison conjugale (1184) et résister à la demande en réintégration de son mari.

Mais si la femme, sans motif légitime, abandonne la maison conjugale, quel moyen aura le mari pour la contraindre à y rentrer? Pourra-t-il employer la force publique? Nous ne le pensons pas; car ce serait une contrainte à l'égard de la femme, et la loi défend d'exercer une contrainte personnelle, hors les cas déterminés par elle (2063, 2066). De plus, sans parler du scandale qu'il occasionnerait, ce moyen serait présque toujours illusoire, et, loin d'opérer un rapprochement, exaspérerait encore la femme. Le mari trouvera, ce nous semble, un moyen plus efficace et moins immoral dans le refus de fournir des aliments à sa femme. Tel fut l'avis du Premier Consul dans la discussion au conseil d'État.

Si c'est, au contraire, le mari qui refuse de recevoir sa femme, il devra être condamné à lui payer une pension proportionnée à son état et à ses facultés (214).

De la puissance maritale résulte encore l'incapacité de la femme : elle ne peut contracter, ni ester en jugement, sans l'autorisation de son mari (215, 217).

Sur quoi est fondée la nécessité de cette autorisation? Suivant quelques auteurs, elle a pour but de protéger la femme contre sa faiblesse, contre la légèreté et l'inexpérience habituellement inhérentes à son sexe. Mais la fille majeure, la femme veuve peuvent, sans aucune autorisation, faire tout ce que l'homme fait lui-même ! Ont-elles donc perdu en se mariant l'aptitude aux affaires qu'elles possédaient avant leur mariage, et la recouvrent-elles en devenant veuves ? Évidemment non. Dès lors, il nous paraît plus exact de dire que la nécessité de l'autorisation maritale est fondée sur le respect dû au mari. Nous savons, en effet, que la prééminence dans la société conjugale appartient au mari : or, cette prééminence ne serait qu'un vain mot, s'il était permis à la femme d'ester en justice, de s'engager, de disposer de ses biens sans l'autorisation de son mari (Pothier, *de la Puissance du mari*, nos 3-5).

Voyons d'abord comment, quand doit être donnée l'autorisation maritale, et quelle en est l'étendue.

Il fallait autrefois que l'autorisation fût expresse et formelle. L'autorisation tacite suffit aujourd'hui, mais elle ne peut résulter que du concours du mari dans l'acte (217).

Il va sans dire qu'il faut un concours prouvant le consentement du mari. Ainsi, une femme qui au bas d'un billet souscrit par son mari, mettrait ces mots : *pour caution,* ne serait pas obligée; car elle a fait un acte, sinon étranger à celui de son mari, du moins entièrement distinct, et qui a pu être fait sans son autorisation, ni même sa connaissance.

L'autorisation doit être donnée au moment même du contrat; elle pourrait être donnée antérieurement, pourvu que l'acte d'autorisation fût relaté dans l'écrit qui constate le contrat.

Mais dans tous les cas l'autorisation doit être spéciale : l'article 223 porte que toute autorisation générale, même stipulée par contrat de mariage, n'est valable que quant à l'administration des biens de la femme. Autrement, permettre une autorisation générale, pour les actes autres que d'administration, c'eût été fournir un moyen d'éluder l'art. 1388, d'abdiquer la puissance maritale. Mais il faut ici distinguer les principes du mandat de ceux du mariage, le titre de propriétaire de la qualité de mari : le propriétaire peut donner à sa femme procuration générale pour l'aliénation des biens qu'il possède (1990), et même de ceux de sa femme tombés en communauté (1421); le mari ne peut donner à sa femme autorisation générale pour l'aliénation des biens de celle-ci (223, 1538).

Examinons maintenant quand l'autorisation est ou n'est pas nécessaire, en ayant soin de distinguer les actes judiciaires des engagements extrajudiciaires.

La femme ne peut ester en jugement sans l'autorisation de son mari, sous quelque régime qu'elle soit mariée, et quand même elle serait marchande publique (215). Ainsi, la loi n'admet pas ici l'exception qu'elle admet dans l'art. 220; la raison en est que les actes de commerce sont trop multipliés pour qu'ils puissent être tous soumis à une autorisation particulière. Mais un procès est chose trop grave, et l'on ne pouvait permettre à une femme de compromettre sa fortune ou sa dignité par des actions inopportunes, malgré son mari.

Il faut donc, quand la femme intente une action, que l'exploit introductif d'instance mentionne qu'elle agit avec l'autorisation de son mari, et, lorsqu'elle est attaquée, que la partie adverse assigne le mari avec elle.

Toutefois, lorsque la femme est poursuivie en matière criminelle, correctionnelle ou de police, elle peut se défendre sans aucune autorisation (216). Alors, l'autorité du mari disparaît devant celle de la loi, pour ne pas entraver le cours de la justice et laisser la femme user librement du droit légitime de la défense.

Si, avant son mariage, une femme était en instance, l'autorisation ne sera pas nécessaire, si l'affaire était en état au moment du mariage (Code proc., 342, 343).

Tout étant spécial dans cette matière, nous dirons qu'une femme autorisée à former une demande a besoin d'une nouvelle autorisation pour plaider en appel et se pourvoir en cassation.

En ce qui concerne les engagements extrajudiciaires, la femme, même séparée de biens, ne peut donner, aliéner, hypothéquer, acquérir à titre gratuit ou onéreux, sans le concours du mari dans l'acte, ou son consentement par écrit (217).

On comprend aisément que la femme ne puisse acquérir à titre onéreux sans l'autorisation de son mari : en effet, toute acquisition à titre onéreux entraîne une aliénation. Quant à la prohibition d'acquérir à titre gratuit, quoique fondée sur une autre cause, elle se conçoit aussi facilement : en effet, la dignité du mariage et l'honneur de la famille sont également intéressés à ce que la source des libéralités faites à la femme soit connue du mari et agréée par lui, *ne turpem quæstum faciat* (1).

De l'incapacité d'aliéner résulte pour la femme l'incapacité de s'obliger. En effet, toute obligation tend, directement ou indirectement, à une aliénation (2092), et si la femme pouvait s'obliger sans autorisation, elle éluderait la prohibition d'aliéner ; d'ailleurs, l'art. 1124 consacre expressément cette incapacité. Il faut néanmoins excepter de la prohibition les actes d'administration que la femme a le droit de faire.

L'incapacité de la femme n'étant fondée que sur le respect dû à la puissance maritale, il s'ensuit que le mari peut l'habiliter à contracter avec un tiers, même dans son intérêt personnel, malgré la règle : *nemo est auctor in rem suam* (1431).

La femme, si elle est marchande publique, peut, sans l'autorisation de son mari, s'obliger pour tout ce qui concerne son commerce ; et, audit cas, elle oblige aussi son mari, s'il y a

---

(1) Rien n'empêcherait donc la femme d'acquérir par prescription ou par accession, puisque ce sont là des modes presque étrangers à son fait personnel, et ne blessant en rien les droits du mari.

communauté entre eux (220). Dans le commerce, c'est surtout vers une économie de temps que l'on doit tendre ; aussi la loi voit-elle dans l'autorisation de faire le commerce, une autorisation pour la femme de faire tous actes commerciaux, même d'aliéner ses immeubles (Code de comm., 7), et d'obliger le mari, quand il y a communauté (1409). Mais l'autorisation du mari, expresse ou tacite, est indispensable et ne saurait être suppléée par l'autorisation de justice; car ce serait permettre à la femme de s'engager dans des chances incalculables sans l'aveu de son mari, ce que la loi ne veut pas (Code de comm. 4). Si la femme est mineure, elle devra remplir les formalités exigées par l'art. 2, Code de commerce.

Le mari engagé par le fait de sa femme n'est pas contraignable par corps; car la contrainte par corps ne peut être appliquée qu'en vertu d'une loi formelle (2063), et aucun texte ne l'autorise en pareil cas contre le mari.

La femme n'est réputée marchande publique que quand elle fait un commerce séparé. Si elle ne fait que détailler les marchandises du commerce de son mari, elle ne s'oblige pas personnellement; il n'y a que le mari d'obligé (220).

Les pouvoirs du mari sont plus ou moins étendus, selon le régime sous lequel la femme est mariée. Ainsi, la femme séparée de biens peut, sans autorisation, passer des baux, recevoir ses revenus, en donner décharge, aliéner son mobilier (1449, 1536), et généralement souscrire tous les engagements qui ont pour cause l'administration de ses biens. Mais elle ne pourrait faire de donations, même mobilières (905).

Quant à la femme commune ou non commune, pour l'administration des biens dont elle s'est réservé la jouissance (1387, 1534), et à la femme dotale pour l'administration de ses biens paraphernaux (1576), elles ont le droit de faire, sans autorisation, tous les actes que nécessite cette administration

Remarquons que la femme n'est incapable de contracter que dans les cas exprimés par la loi (1124). Elle peut donc être tenue de tous les engagements qui naissent, soit de la loi (390, 1241, 1312), soit d'un délit ou d'un quasi-délit (1310). Ainsi, la femme produisant un faux acte d'autorisation sera personnellement obligée comme si elle était autorisée.

Mais si la femme, sans employer de manœuvres frauduleuses, avait trompé les tiers sur son état, en se présentant comme fille ou veuve, ceux-ci ne pourraient se prévaloir de sa déclaration (1307), car chacun doit s'assurer de la capacité de la personne avec laquelle il contracte (D., l. 19, *de reg. juris*). Que si l'erreur était commune et que la femme passât pour fille ou veuve, il faudrait appliquer la maxime : *error communis facit jus* (D., l. 3, *de off. prœt.*), et déclarer valables les actes faits par la femme.

Enfin, comme tout autre incapable, la femme peut quelquefois être obligée par quasi-contrat : par exemple, si un tiers a géré ses affaires, elle sera tenue envers le gérant (1375).

Le mariage dissous, il n'y a plus de puissance maritale; la femme recouvre sa capacité. Aussi, a-t-elle le droit de tester sans l'autorisation de son mari (226), parce que le testament n'a d'effet qu'après la dissolution du mariage.

La puissance du mari doit être toute de protection et non tyrannique. Lors donc qu'il refuse son autorisation, la femme peut la demander à la justice, qui l'accorde ou la refuse en connaissance de cause, après que le mari a été entendu ou dûment appelé (218, 219).

Pour obtenir l'autorisation de la justice, la femme doit se conformer aux art. 861-864, Code proc. Ainsi, elle doit d'abord faire sommation à son mari de l'autoriser, puis, s'il refuse, elle présente requête au président du tribunal, qui lui permet de le citer à la chambre du conseil. Celle-ci statue définitivement

(Code proc., 861, 862). Ce système, qui modifie l'art. 219, Code Napoléon, est aujourd'hui adopté pour les actes ou contrats de la femme, aussi bien que pour les procès qui la concernent.

Il y a des cas où la femme, même majeure, est obligée de recourir à la justice, quoique le mari n'ait pas refusé de l'autoriser. Ainsi, l'autorisation de la justice est nécessaire à la femme lorsque le mari est frappé d'une condamnation emportant peine afflictive ou infamante, encore qu'elle n'ait été prononcée que par contumace (Code pénal, 6, 7, 8), mais seulement pendant la durée de la peine principale. Le tribunal peut, en ce cas, donner l'autorisation sans que le mari ait été entendu ou appelé (221).

L'autorisation de la justice est encore nécessaire à la femme dont le mari est mineur (1), absent ou interdit (Code Napoléon, 222, 224; Code proc., 863, 864). Si la femme est mineure aussi, le tribunal doit lui nommer un tuteur *ad hoc* (2208).

Le mari, même présent, majeur et non interdit, ne peut non plus autoriser sa femme quand elle demande, soit une séparation de corps, soit une séparation de biens. Le président du tribunal remplace alors le mari (Code proc., 865, 878).

L'autorisation de justice n'habilite pas la femme aussi complétement que l'autorisation maritale. Quand la femme s'oblige avec l'autorisation de la justice, elle engage seulement la nue propriété de ses propres, dont la jouissance appartient au mari; à moins qu'elle ne se soit obligée pour tirer son mari de prison, ou pour l'établissement des enfants communs (1427), auquel cas elle oblige la communauté. Au contraire, quand elle s'oblige avec l'autorisation de son mari, elle engage ses propres biens, ceux de la communauté et ceux du mari (1419).

---

(1) Le droit coutumier admettait comme valable l'autorisation du mari mineur (Pothier, *de la Puissance du mari*, n° 29).

Le principe que la communauté est tenue des obligations contractées par la femme autorisée de son mari, souffre deux exceptions : l'une est prévue par l'art. 1413, l'autre résulte par *a contrario* de l'art. 1432.

Nous avons dit que la femme ne pouvait devenir commerçante sans le consentement de son mari. Il est encore un cas où l'autorisation de la justice ne peut suppléer celle du mari : c'est celui où il s'agit pour la femme d'aliéner ses biens dotaux pour l'établissement des enfants communs (1556).

Dans l'ancienne jurisprudence, le défaut d'autorisation produisait une nullité absolue. Aujourd'hui, au contraire, l'acte consenti par la femme non autorisée est seulement annulable. La nullité ne peut être opposée que par la femme, le mari ou leurs héritiers (225), sans que les autres contractants puissent prétendre n'être pas obligés (1125).

Les héritiers du mari peuvent avoir un intérêt pécuniaire à demander la nullité, par exemple, si une femme commune renonce sans autorisation à une succession qui devait mettre dans la communauté des valeurs mobilières considérables (1401). Mais l'art. 225 recevra rarement son application en ce qui concerne les héritiers du mari.

Ce n'est pas seulement aux héritiers, c'est encore aux créanciers qu'appartient l'action en nullité fondée sur l'intérêt pécuniaire (1166); car ce n'est pas une action exclusivement attachée à la personne, puisqu'elle est transmissible aux héritiers : elle n'est personnelle qu'en ce sens que l'autre partie contractante et même les cautions de la femme (1125, 2012, 2036) ne peuvent se prévaloir du défaut d'autorisation.

L'action en nullité n'est prescrite qu'après dix ans (1304). Cette prescription court contre la femme, du jour de la dissolution du mariage; contre le mari, du jour où il a connu l'acte.

Au surplus, l'acte n'étant qu'annulable, le mari peut le ratifier postérieurement, pourvu toutefois que son consentement intervienne avant que la femme ait révoqué le sien.

La nullité d'une donation acceptée par la femme sans autorisation peut-elle être invoquée par le donateur? Non; car aux termes de l'art. 225, la nullité ne peut être invoquée que par la femme, le mari ou leurs héritiers. Telle est la règle générale; or, aucun texte n'y fait exception en ce qui concerne la donation. Donc le droit commun doit être appliqué.

CHAPITRE V.

DES OBLIGATIONS QUI NAISSENT DU MARIAGE.
(Code Nap., art. 203-211.)

Après avoir parcouru les différentes obligations que le mariage impose aux deux époux l'un envers l'autre, nous devons examiner à quelles règles sont soumises les relations des ascendants avec leurs enfants.

L'obligation la plus naturelle et la plus profondément gravée dans le cœur de l'homme est sans contredit l'éducation des enfants, qui est pour leur moral ce que les aliments sont pour leur physique. La loi n'a donc fait que sanctionner un sentiment naturel, en disant que les époux contractent ensemble, par le fait seul du mariage, l'obligation de nourrir, entretenir et élever leurs enfants (203).

Cette obligation est aussi consacrée implicitement par la loi pour les enfants naturels, et même pour les enfants adultérins et incestueux. Cela résulte pour ces derniers des art. 762, 763 et 764, qui leur accordent le droit à des aliments. Quant aux enfants naturels proprement dits, la loi leur reconnaît ce droit par cela même qu'elle leur accorde des droits de successibilité (756 et suiv.).

L'obligation consacrée par l'art. 203 n'est donc pas seulement une conséquence du mariage, mais une conséquence de la procréation des enfants, soit en mariage, soit hors mariage.

Le devoir d'éducation commence à la naissance de l'enfant et ne cesse que quand il est en état de subvenir à ses besoins, à la différence de la dette alimentaire, qui ne peut naître que quand le devoir d'éducation est éteint, et qui existe quelque âge qu'ait l'enfant, pourvu qu'il ne puisse subvenir à ses besoins et que ses auteurs aient des ressources.

Le droit aux aliments diffère encore du devoir d'éducation en ce qu'il est réciproque. Enfin, le droit aux aliments est plus étendu que le devoir d'éducation, qui n'est imposé qu'aux père et mère, et, à leur défaut, aux ascendants supérieurs.

Pour donner plus de force à la puissance paternelle, le Code, conformément à l'ancien droit français, et contrairement au droit romain, refuse à l'enfant toute action contre ses père et mère pour un établissement par mariage ou autrement (204).

Les art. 205, 206 et 207 organisent la dette d'aliments entre parents légitimes et alliés. Ils se résument à dire que chaque individu doit des aliments à ses ascendants, aux ascendants de son conjoint, c'est-à-dire à ses beau-père et belle-mère, à ses descendants, aux conjoints de ses descendants, c'est-à-dire à ses gendre et belle-fille, et que réciproquement il peut en exiger de ces mêmes personnes.

Remarquons qu'il ne s'agit dans l'art. 206 que du beau-père et de la belle-mère proprement dits, et non du second mari de la mère et de la seconde femme du père. Ce n'est que par une impropriété de langage qu'on donne à ces derniers le nom de beau-père et de belle-mère, leur véritable dénomination; c'est parâtre, *vitricus*, et marâtre, *noverca*.

La dette alimentaire engendrée par l'alliance cesse dans deux cas :

1° Le convol en secondes noces fait perdre à la belle-mère le droit aux aliments qui lui est accordé vis-à-vis de son gendre ou de sa bru (206). Cette disposition ne doit être prise que dans un sens relatif ; car si la belle-mère qui se remarie est privée de sa créance d'aliments, elle n'est pas libérée de la dette alimentaire envers son gendre ou sa bru.

Mais on ne peut décider que, réciproquement, la bru devenue veuve perd en se remariant le droit d'exiger des aliments de son beau-père ou de sa belle-mère ; car le second mariage d'une bru encore jeune ne doit pas être vu de mauvais œil comme celui d'une belle-mère déjà âgée.

2° Lorsque celui des époux qui produisait l'affinité, et les enfants issus de son union avec l'autre époux, sont décédés, le droit d'exiger, et l'obligation de fournir des aliments sont brisés (206). Les liens de l'alliance sont alors trop affaiblis pour produire la dette d'aliments.

La loi civile n'oblige pas les frères et sœurs à se fournir des aliments ; cette omission est regrettable.

Dans le silence de la loi, quel sera l'ordre suivant lequel les parents et alliés devront acquitter la dette alimentaire ? L'obligation alimentaire devra, autant que possible, ce nous semble, être graduée selon la vocation héréditaire, conformément à la maxime : *ubi emolumentum successionis, ibi onus alimentorum esse debet.* Ainsi, les parents devront passer avant les alliés, parce que d'abord la parenté impose des devoirs plus impérieux que l'alliance, et qu'ensuite les parents ont des droits héréditaires, et que les alliés n'en ont pas. Entre les parents, les descendants seront tenus avant les ascendants, par la raison qu'ils succèdent de préférence à ces derniers. Nous en dirons autant des alliés, bien que les uns n'aient pas plus que les autres le droit de succéder; mais l'alliance étant l'image de la parenté doit en quelque sorte être modelée sur elle.

C'est une question controversée que celle de savoir si la dette alimentaire est solidaire ou du moins indivisible. Nous pensons qu'elle n'est ni indivisible, ni solidaire. Elle n'est pas indivisible parce qu'elle peut être due par plusieurs personnes, et par chacune d'elles dans la proportion de sa fortune (208), de telle sorte que si les aliments sont dus par deux enfants dont l'un est deux fois plus riche que l'autre, ce dernier ne devra fournir qu'un tiers et le premier deux tiers. Elle n'est pas non plus solidaire, parce que la solidarité ne se présume pas; il faut qu'elle soit expressément stipulée (1202). Or, la loi n'a pas établi la solidarité de la dette alimentaire.

L'obligation de fournir des aliments n'emporte pas celle de payer les dettes du créancier alimentaire, à moins qu'il ne s'agisse de dettes contractées dans un besoin pressant, à l'occasion des aliments, et depuis qu'ils sont dus. Bien plus, le fils créancier de son ascendant peut l'exproprier en entier, sauf à lui fournir des aliments, s'il ne peut subvenir à ses besoins (1).

La créance d'aliments est personnelle et ne passe pas aux héritiers de celui à qui ils sont dus. La dette, au contraire, passe aux héritiers du débiteur, lorsqu'elle a pris naissance avant sa mort, car alors, comme toute obligation, elle fait partie du passif de la succession.

On entend par aliments tout ce qui est nécessaire à la vie, c'est-à-dire la nourriture, les vêtements, le logement et les remèdes en cas de maladie.

---

(1) Suivant le droit romain, au contraire, le fils, créancier de son ascendant, ne pouvait le faire condamner que jusqu'à concurrence de ce que celui-ci pouvait payer, déduction faite de ce qui lui était nécessaire pour subsister. C'est ce qu'on appelait le bénéfice de compétence.

Les aliments varient avec la position de la famille et le besoin des individus; ils ne sont accordés que dans la proportion des besoins de celui qui les réclame, et de la fortune de celui qui les doit (208).

Accordés pour le besoin, il faut dire encore que, lorsque celui qui fournit ou celui qui reçoit des aliments est replacé dans un état tel, que l'un ne puisse plus en donner, ou que l'autre n'en aît plus besoin en tout ou en partie, la décharge ou réduction peut en être demandée (209), ce qui n'exclut pas le cas réciproque d'augmentation.

La dette alimentaire s'acquitte ordinairement au moyen d'une somme d'argent. Cependant, si la personne qui doit fournir les aliments justifie qu'elle ne peut payer la pension alimentaire, le tribunal pourra, en connaissance de cause, ordonner qu'elle recevra dans sa demeure, qu'elle nourrira et entretiendra celui auquel elle devra des aliments (210).

Et quand le père ou la mère offrira de recevoir, nourrir et entretenir dans sa demeure l'enfant à qui il devra des aliments, le tribunal prononcera s'il devra dans ce cas être dispensé de payer la pension alimentaire (211), et cela sans justification de l'impuissance de la payer. La puissance paternelle autorise cette dérogation au droit commun.

La pension alimentaire cesserait d'être due : 1° si le demandeur avait été condamné pour avoir tenté de donner la mort au débiteur ; 2° et s'il avait porté contre lui une accusation capitale jugée calomnieuse.

Enfin, la créance alimentaire est de sa nature insaisissable (C. proc., 581), et par conséquent incompensable (1293). Elle n'admet ni aliénation ni compromis (C. proc., 1004), et n'est pas sujette au rapport (852).

CHAPITRE VII.

DE LA DISSOLUTION DU MARIAGE.
(Code Nap., art. 227.)

Depuis la loi du 31 mai 1854, portant abolition de la mort civile, il n'existe plus qu'une cause de dissolution du mariage : la mort naturelle de l'un des époux (227).

Quant au divorce, on sait qu'il fut aboli par la loi du 8 mai 1816.

CHAPITRE VIII.

DES SECONDS MARIAGES.
(Code Nap., art. 228.)

L'art. 228 porte que la femme ne peut contracter un nouveau mariage qu'après dix mois révolus depuis la dissolution du mariage précédent.

Cet empêchement a principalement pour but d'éviter la confusion de part, *turbationem sanguinis*, c'est-à-dire de prévenir l'incertitude qui planerait sur la paternité de l'enfant qui naîtrait après le nouveau mariage, s'il avait été contracté immédiatement ou peu de temps après la dissolution du premier. Mais ce motif n'est pas le seul. Il peut arriver, en effet, que la veuve accouche quelques mois après la dissolution de son mariage; si elle se remariait immédiatement après son accouchement et qu'elle eût un enfant, la paternité de cet enfant ne présenterait aucune incertitude. Pourquoi, dans ce cas, empêcher la femme de convoler à une nouvelle union? Parce que ce serait un outrage à la morale et à la décence publique de la part de la femme, à qui son sexe doit surtout imposer le respect des convenances.

Au reste, cet empêchement est seulement prohibitif. La loi ne frappe d'aucune peine la femme qui contrevient à la disposition de l'art. 228; mais elle punit l'officier de l'état civil qui a procédé à la célébration du second mariage, d'une amende de 16 fr. à 300 fr. (C. pén., 194).

TITRE VI.

CHAPITRE V.

DE LA SÉPARATION DE CORPS.
(Code Nap., art. 306-311.)

La séparation de corps est l'état de deux époux que la loi dispense de vivre en commun, quoique le mariage subsiste encore. A la différence du divorce, qui brisait le lien du mariage, la séparation de corps le relâche seulement.

D'après cette définition, on voit combien la situation de deux époux séparés de corps est fâcheuse. Soumis à toutes les obligations du mariage, ils sont privés de ce qu'ils avaient dû y chercher, les douceurs de la vie commune. Marié sans avoir d'épouse, l'homme ne peut plus donner ce titre à aucune autre femme ; l'épouse elle-même doit garder fidélité à celui qui a reçu ses serments, lorsque toute cohabitation entre eux est désormais interdite.

La séparation de corps n'était pas admise chez les Romains : on n'y connaissait que le divorce, qui, opérant la dissolution du lien conjugal, permettait aux époux de contracter une nouvelle union.

En France, au contraire, le divorce n'était pas admis d'après les lois ecclésiastiques, auxquelles le droit civil s'était conformé en déclarant indissolubles les liens du mariage. La séparation de corps était la seule voie ouverte à l'époux auquel la vie commune était devenue insupportable.

Pour concilier le respect dû au mariage avec celui dû aux opinions religieuses, le Code Napoléon avait admis concurremment le divorce et la séparation de corps.

Enfin, le divorce fut aboli par la loi du 8 mai 1816.

Le chapitre de la séparation de corps est fort incomplet ; il faut en chercher le complément dans les dispositions relatives au divorce.

Nous examinerons : 1° les causes de la séparation ; 2° les formes à suivre pour l'obtenir ; 3°· les mesures provisoires ; 4° les fins de non-recevoir ; 5° les effets qu'elle produit.

I. *Causes.* — D'après les art. 229-232, auxquels nous renvoie l'art. 306, la séparation de corps peut être demandée pour trois causes : 1° l'adultère de l'un des époux (229, 230) ; 2° ses excès, sévices ou injures graves contre son conjoint (231) ; 3° sa condamnation à une peine infamante (232).

L'adultère produit des effets différents, selon qu'il est reproché au mari ou à la femme. De la part de la femme, il est toujours une cause de séparation de corps à cause de ses funestes résultats. De la part du mari, au contraire, l'adultère ne produit cet effet qu'autant qu'il a tenu, entretenu sa concubine dans la maison commune, c'est-à-dire dans le lieu de la résidence et de l'habitation des époux. Nous trouvons la même distinction dans le Code pénal. L'adultère du mari est puni d'une amende de 100 fr. à 2,000 fr., tandis que celui de la femme est puni d'un emprisonnement de trois mois au moins et deux ans au plus (1) ; mais le mari reste le maître d'arrêter l'effet

---

(1) Sous l'empire des coutumes, la femme adultère était renfermée dans un monastère, et, après deux ans, rasée, si son mari ne la reprenait pas.

de cette condamnation en consentant à reprendre sa femme. Le complice de la femme subira la même peine, sans préjudice de l'amende de 100 fr. à 2,000 fr. qui pourra être prononcée contre lui (Code Napoléon, 308, 309 ; Code pénal, 337, 338 , 339).

Ces différences de pénalité ont souvent fait dire que les hommes ayant fait les lois, s'étaient montrés moins favorables aux femmes qu'à eux-mêmes ; mais elles s'expliquent par les conséquences différentes que l'adultère entraîne dans l'un ou l'autre cas. De la part des deux époux, l'adultère est sans doute la violation de la foi conjugale ; mais il a des résultats bien plus graves lorsqu'il est commis par la femme, puisqu'il tend à introduire dans la famille des bâtards qui, sous la protection de la règle : *pater is est quem nuptiæ demonstrant*, viendront prendre la place des enfants légitimes dans la succession du mari.

Dans l'intérêt des familles, l'action publique en adultère ne peut s'exercer d'office : il faut dénonciation du mari ou plainte de la femme (Code pénal, 336, 339). Mais le mari qui a entretenu une concubine dans la maison commune perd la faculté de dénoncer l'adultère de sa femme (Code pénal, 336).

La seconde cause de séparation consiste dans les excès, sévices ou injures graves : excès, c'est-à-dire actes de violence qui peuvent mettre la vie en danger ; sévices, c'est-à-dire mauvais traitements qui, sans mettre l'existence en danger, rendent cependant la vie commune insupportable. Quant aux injures, elles consistent dans tout ce qui attaque l'honneur. Du reste, en ce qui concerne les sévices et les injures, l'appréciation des circonstances est laissée aux tribunaux, qui doivent avoir égard à la position sociale des parties, à l'éducation qu'elles ont reçue.

Le Code ayant déterminé limitativement les causes de séparation, il ne faut pas l'étendre à d'autres cas. Ainsi, les infirmités, la démence, l'épilepsie, les maladies contagieuses d'un des époux ne sauraient être pour l'autre une cause de séparation.

La troisième et dernière cause de séparation est la condamnation irrévocable (261) d'un des époux à l'une des peines infamantes qui sont : les travaux forcés, la détention, la réclusion, le bannissement et la dégradation civique (Code pénal, 8). La loi ne parle pas de l'emprisonnement. Ainsi, le fonctionnaire public qui se sera immiscé dans l'exercice du pouvoir législatif sera noté d'infamie (Code pénal, 130), et sa femme pourra demander la séparation de corps ; tandis que le voleur qui, par récidive, aura été condamné à dix ans de prison, ne sera pas infame, et par conséquent sa femme ne pourra pas demander la séparation de corps.

Si la condamnation était antérieure au mariage, elle pourrait justifier une action en nullité ; mais elle ne motiverait pas une action en séparation.

A la différence du divorce, la séparation de corps ne peut avoir lieu par le consentement mutuel des époux (307). Autrement, il eût été trop facile à deux époux, par l'aveu frauduleux de faits imaginaires, d'arriver à une séparation sans cause légale et résultant de leur seule volonté. De là, nous tirerons la conséquence que, en cette matière, l'aveu du défendeur ne ferait pas foi des faits à lui imputés (Code proc., 870).

II. *Formes.* — L'action en séparation est personnelle ; elle doit donc être portée au tribunal de l'arrondissement dans lequel les époux ont leur domicile.

Aux termes de l'art. 307, la demande en séparation est intentée, instruite et jugée comme toute autre action civile ; mais le Code de procédure a tracé quelques règles spéciales pour cette action (C. pr., 875-880). Ainsi, l'époux qui veut intenter l'action en séparation est tenu de présenter au président du tribunal une requête au bas de laquelle celui-ci rend une ordonnance portant que les parties comparaîtront devant lui, à jour indiqué, sans assistance de conseils. Si le président ne réussit pas à concilier les époux, il rend une seconde ordonnance par laquelle il les renvoie à se pourvoir devant le tribunal, sans citation préalable devant le juge de paix , par dérogation au droit commun, en autorisant la femme à procéder et à se retirer provisoirement dans une maison convenue entre les parties et désignée par lui (C. pr., 875-878).

Cependant, si la demande en séparation est fondée sur la condamnation de l'un des époux à une peine infamante, il suffira, comme au cas de divorce, de présenter au tribunal une expédition du jugement de condamnation, avec un certificat de la cour d'assises portant que le jugement n'est plus susceptible d'être réformé par aucune voie légale (261).

Il faut aussi appliquer à la séparation l'art. 235, et attendre, pour intenter l'action civile, l'arrêt de la cour d'assises, dans le cas où le conjoint défendeur serait sous le coup d'une poursuite criminelle.

Pour l'instruction, on suit les formes établies pour les autres demandes (C. pr., 879), en observant que les parents et domestiques des époux peuvent être entendus, excepté néanmoins les enfants et descendants (251).

Le procureur impérial doit toujours être entendu (C. pr., 83, 879), car la société est intéressée.

Le pourvoi en cassation n'est pas suspensif comme en matière de divorce (263), parce que le jugement n'entraîne pas des conséquences irréparables comme celui qui prononçait le divorce (295).

Extrait du jugement qui prononcera la réparation sera inséré aux tableaux exposés tant dans l'auditoire des tribunaux que dans les chambres d'avoués et de notaires (C. pr., 880).

III. *Mesures.* — On applique ici les art. 267-271.

Ainsi, c'est au mari demandeur ou défendeur que restera, pendant l'instance, la puissance paternelle, et, par suite, l'ad-

ministration des enfants, à moins qu'il n'en soit autrement or-
donné par le tribunal, sur la demande de la mère, de la famille
ou du ministère public, pour le plus grand avantage des enfants (267).

La femme, demanderesse ou défenderesse, peut être autorisée à quitter le domicile conjugal pour résider dans la maison
qui lui sera indiquée par le tribunal ; et, si les biens dont elle
jouit sont insuffisants, obtenir du mari une pension proportionnée aux facultés de celui-ci (268), comme aussi se faire allouer
une provision pour subvenir aux frais du procès en séparation.
Si la femme ne justifie pas de sa résidence dans la maison indiquée, quand elle en sera requise, le mari pourra lui refuser la
pension alimentaire (269); mais ce défaut de résidence ne sera
pas un motif suffisant pour faire déclarer la femme non recevable à continuer ses poursuites.

La femme commune en biens pourra exiger l'apposition des
scellés sur les effets mobiliers de la communauté (270). Le scellé
n'est pas ici une peine : c'est une mesure conservatoire, sans
laquelle il serait souvent à craindre que le mari ne détournât,
au préjudice de sa femme, des effets de la communauté, sans
qu'elle pût le prouver.

Enfin, toute obligation à la charge de la communauté et toute
aliénation des immeubles qui en dépendent, consenties par le
mari en fraude des droits de la femme postérieurement à l'ordonnance qui renvoie les parties à se pourvoir, seront déclarées
nulles (271). On applique ici les principes du droit commun, qui
permet aux créanciers d'attaquer les actes faits par leurs débi-
teurs en fraude de leurs droits (1167).

Ainsi sont conciliés les droits du mari avec la sûreté et les
intérêts de la femme.

IV. *Fins de non-recevoir.* — Le droit de demander la séparation n'étant établi que dans l'intérêt particulier de l'époux

offensé, celui-ci peut y renoncer, soit expressément, soit taci-
tement (272). Mais la réconcilation n'empêchant pas la demande
pour cause nouvelle, il doit être permis de faire valoir les an-
ciens griefs (273). L'époux offensé n'a pardonné que sous la condition qu'une conduite meilleure lui ferait oublier les torts de
son conjoint (1175); il ne sera donc pas nécessaire que les faits
nouveaux soient assez graves pour fonder une demande.

La réconciliation tacite dépend des circonstances, dont l'appréciation est laissée aux tribunaux. Ainsi, la cohabitation et
même la survenance d'enfants ne sont pas toujours une preuve
positive de réconciliation; car il peut arriver que la femme ne
puisse pas quitter aussitôt la maison conjugale, ou qu'elle
veuille essayer de prendre patience.

Si le demandeur nie qu'il y ait eu réconciliation, le défendeur
doit en faire la preuve, soit par écrit, soit par témoins, d'après
la règle : *reus excipiendo fit actor* (274).

Le droit de former la demande en séparation s'éteint évidemment par le décès de l'un des époux.

La réciprocité des torts n'est pas une fin de non-recevoir;
car elle prouve de la manière la plus énergique l'impossibilité
de la vie commune et la nécessité d'une séparation entre deux
époux que leurs torts respectifs ont rendus irréconciliables. Il
faudrait néanmoins excepter le cas où les deux époux auraient
été frappés d'une condamnation infamante; car alors aucun ne
peut raisonnablement reprocher à l'autre sa condamnation.

V. *Effets.* — Le jugement, avons-nous dit, est rendu sur les
conclusions du ministère public. Il est susceptible d'opposition
ou d'appel comme un jugement ordinaire. Toutefois, l'art. 308
attribue au tribunal civil une compétence spéciale dans le cas
d'adultère de la femme. L'adultère de la femme ne peut jamais
être puni que sur la plainte du mari. La loi voit dans la demande
en séparation du mari l'équivalent de cette plainte et permet

au tribunal, sans doute parce qu'il a dans la procédure faite devant lui tous les éléments de décision, d'appliquer à la femme la peine de ce délit en même temps qu'il prononce la séparation. Mais cette compétence est tout à fait exception-nelle, d'où il suit que le tribunal civil ne pourrait prononcer la peine de l'adultère contre le complice de la femme ni contre le mari.

La séparation de corps fait cesser tout rapport d'habitation entre les époux; la femme aura donc son domicile particulier.

Mais quel sera le sort des enfants qui naîtront de la femme séparée? La séparation de corps faisant cesser la vie commune et rendant ainsi beaucoup moins probable la cohabitation entre les époux, il était dès lors injuste de laisser, en ce cas, subsister dans toute sa force la présomption légale de la paternité du mari. La loi du 6 décembre 1850, votée sur la proposition de MM. Demante et Valette, permet donc au mari de désavouer l'enfant né trois cents jours après l'ordonnance du président, rendue aux termes de l'art. 878, C. pr.

La séparation de corps emporte toujours séparation de biens (311). C'est à raison de cet effet, dont la connaissance intéresse les tiers, que la loi exige la publication du jugement de séparation de corps (C. pr. 872, 880; C. com., 66). Toutefois, il y a entre la séparation de biens obtenue par voie princi-pale, et la séparation de biens résultant de la séparation de corps, une différence importante. La première remonte, quant à ses effets, au jour de la demande (1445); la seconde n'a pas d'effet rétroactif. Voici les raisons de cette différence : si, en principe, tout jugement rétroagit au jour de la demande, c'est parce que le défendeur ayant eu tort de refuser satisfaction au demandeur, doit l'indemniser du préjudice que lui a causé son retard d'exécuter son obligation (1382). Mais ce principe dis-paraît en matière de séparation de corps ou de biens, puisque la loi met le défendeur dans l'impossibilité d'acquiescer à la demande (307, 1443). Par exception, la loi admet la rétroactivité du jugement de séparation de biens pour empêcher que le mari ne consomme, pendant l'instance, la ruine de la femme (1443). Mais le même motif n'existe plus quand il s'agit de la séparation de biens, qui n'est que la conséquence de la séparation de corps. Le péril de la dot n'est alors ni la cause ni l'objet de la demande, et la séparation de biens ne sera plus tard que l'effet de la séparation de corps; or l'effet ne peut précéder la cause. Et ce qui prouve que telle a été la pensée du législateur, c'est qu'il ne prescrit pas ici, comme au cas de séparation de biens, la publication de la demande (C. pr. 866-868).

Au surplus, la femme pourra toujours obtenir cette rétroactivité en demandant en même temps la séparation de corps et la séparation de biens.

Les créanciers peuvent attaquer le jugement obtenu en fraude de leurs droits (1447); mais ils ne peuvent pas intervenir dans l'instance, puisque le débat n'a rien de pécuniaire. Ils auront cependant le droit d'intervenir, à leurs frais, dans le partage de la communauté (882, 1476).

Le Code laisse sous-entendus les effets de la séparation de corps : le principal consiste à dispenser le mari de l'obligation de recevoir sa femme et la femme de l'obligation de suivre son mari.

Du reste, la séparation laisse subsister les devoirs mutuels de fidélité, de secours et d'assistance. Les devoirs de protection, de la part du mari, et d'obéissance, de la part de la femme, deviennent moins étroits, mais ne cessent pas entièrement.

Les enfants seront généralement confiés à l'époux qui a obtenu la séparation; mais ils pourront l'être, s'il y a lieu, à une tierce personne ou même à l'autre époux (302).

Dans tous les cas, les père et mère conserveront le droit de surveiller leur entretien et leur éducation, et seront tenus d'y contribuer à proportion de leurs facultés (303).

La femme séparée de corps reprend la libre administration de ses biens. Elle peut disposer de son mobilier et l'aliéner; mais elle ne peut aliéner ses immeubles sans le consentement de son mari ou l'autorisation de justice, à son refus (1449).

L'époux contre lequel la séparation a été prononcée perd ses droits au préciput (1518). Mais une question très-controversée est celle de savoir si l'on doit appliquer à la séparation de corps les art. 299 et 300, et décider que les donations que deux époux se sont mutuellement faites lors de leur mariage ou depuis, sont révoquées à l'égard de l'époux coupable et maintenues dans l'intérêt de l'époux outragé. Nous pensons que les art. 299 et 300 sont applicables ici, et voici les motifs de notre décision:

D'abord, cette révocation était une conséquence du divorce, et la séparation de corps produit tous les effets du divorce, sauf ceux qui blesseraient le principe de l'indissolubilité du mariage. Or, la révocation des donations ne porte aucune atteinte à ce principe. En second lieu, aux termes de l'art. 1518, l'époux qui a obtenu la séparation conserve son droit au préciput, ce qui veut dire implicitement que ce droit est perdu pour l'époux coupable. Or, si la séparation de corps qu'il encourt le dépouille du préciput, c'est-à-dire d'un avantage réputé à titre onéreux, comme toutes les conventions de mariage, à plus forte raison doit-il en être de même des donations purement gratuites. Enfin, l'ancien droit français attribuait à la séparation de corps cet effet révocatoire, et rien ne prouve que le Code ait voulu innover.

La séparation de corps laisse encore subsister : 1° le droit de successibilité réciproque (767) ; 2° le droit de jouissance légale des père et mère sur les biens de leurs enfants (384).

L'état de séparation de corps ne peut cesser que par le consentement mutuel des époux. Par conséquent, la volonté d'un seul ne suffirait pas, et l'époux qui aurait obtenu la séparation ne pourrait, en renonçant au bénéfice du jugement, forcer l'autre à la vie commune. Du reste, la cessation de la séparation de corps ne rétablit pas de plein droit le régime sous lequel les époux se trouvaient antérieurement; ce rétablissement ne peut résulter que d'un acte notarié (1451).

TITRE IX.

DE LA PUISSANCE PATERNELLE.
(Code Nap., art. 371 à 387.)

Propriétaire de ses enfants comme de ses esclaves, le père avait, à Rome, les droits les plus étendus sur leur personne et sur leurs biens : sur leur personne, droit de vie et de mort ; sur leurs biens, droit de propriété absolue. Cependant cette puissance excessive subit des modifications à mesure que les mœurs perdaient de leur rudesse primitive. Diverses lois réduisirent peu à peu *ad moderatam castigationem* ce terrible droit de vie et de mort; la puissance paternelle devint plus humaine : *patria potestas in pietate debet, non in atrocitate, consistere*, dit Marcien (D., l. 5, *de lege Pompeia de Parricidiis*).

Relativement aux biens des enfants, le droit primitif fut encore modifié par l'introduction des pécules. Mais l'enfant n'en restait pas moins dans une perpétuelle dépendance; car, mineur ou majeur, marié ou non, il ne devenait *sui juris* que par une émancipation expresse et formelle, toujours dépendante de la volonté du père.

Le Code, en faisant de la puissance paternelle une puissance de protection et de direction, a concilié le respect et la soumission que les enfants doivent à leurs père et mère, avec la protection due par ceux-ci à leurs enfants, de sorte que ni la soumission filiale ne dégénérât en esclavage, ni la protection paternelle en despotisme.

Plus juste que le droit romain, qui n'attribuait à la mère aucune partie de la puissance paternelle, exclusivement confiée au père, notre législation a restitué à la mère une part de cette puissance.

Le Code pose en principe que l'enfant, à tout âge, doit honneur et respect à ses père et mère (371). De là nous conclurons que l'enfant ne pourra employer la contrainte par corps contre ses ascendants (L. du 17 avril 1832, art. 19), et qu'il ne pourra intenter contre eux aucune action déshonorante (Code pén., 380).

L'enfant reste sous l'autorité de ses père et mère jusqu'à sa majorité ou son émancipation (372). Cette autorité est commune à tous deux ; mais l'exercice en appartient exclusivement au père durant le mariage (373). Cependant, il y a des cas où la mère l'exerce seule, même durant le mariage, par exemple, si le père est absent (141), interdit (Code Nap., 489 ; Code pén., 29), ou déchu de son droit par une condamnation judiciaire (Code pén., 335). Quelquefois même la mère exerce, concurremment avec le père, la puissance paternelle ; c'est ainsi que l'enfant est tenu, pour contracter mariage, de demander le consentement ou le conseil de ses père et mère (148, 151). Le même devoir lui est imposé en cas d'adoption (346).

La puissance paternelle confère trois droits principaux à celui qui en est investi : 1° le droit d'éducation ; 2° le droit d'administration des biens ; 3° le droit d'usufruit légal.

I. Droit d'éducation. — C'est un droit et un devoir pour celui qui exerce la puissance paternelle de surveiller la conduite de ses enfants, de diriger leur éducation et de leur donner un état, c'est-à-dire de les préparer à une profession assortie à leur fortune, à leurs goûts et à leurs facultés.

Une première conséquence de ce droit est l'obligation pour l'enfant de résider dans la maison paternelle, qu'il ne peut quitter sans la permission de son père, si ce n'est pour enrôlement volontaire après l'âge de dix-huit ans révolus (374). Cet article a été modifié par la loi du 21 mars 1832, dont l'art. 32 porte que l'enfant ne pourra s'engager malgré son père ou sa mère, s'il a moins de vingt ans.

Du droit d'éducation résulte encore le droit de correction. Ainsi, lorsque l'indocilité ou les dérèglements de l'enfant sont portés à un tel point que les châtiments domestiques ne suffisent plus pour les réprimer, le père peut soit ordonner, soit seulement requérir l'emprisonnement de son enfant.

Si l'enfant n'a pas quinze ans, le père pourra le faire détenir pendant un temps qui ne pourra excéder un mois; et, à cet effet, le président du tribunal devra, sur sa demande, délivrer l'ordre d'arrestation (376), sans que le père soit obligé d'énoncer les motifs qui le font agir. Lorsque l'enfant a quinze ans, le père n'a plus que le droit de réquisition. Le président ne délivre plus seulement l'ordre d'arrestation; il en confère avec le procureur impérial et peut admettre ou refuser la demande, et, dans le premier cas, abréger le temps de la détention, qui ne peut être que de six mois au plus (377).

Dans l'un et l'autre cas, les formes les plus simples doivent être employées; car il s'agit de corriger l'enfant et non de lui imprimer une éternelle flétrissure. En conséquence, il n'y aura aucune écriture, ni formalité judiciaire, si ce n'est l'ordre même d'arrestation, dans lequel les motifs ne seront pas énoncés. Seulement, la détention de l'enfant donnant toujours lieu à quelques frais d'emprisonnement, le père sera tenu de souscrire une soumission de payer tous les frais (378). Il devra également souscrire une soumission de fournir les aliments convenables (*ibid.*)

Le père, ou la mère, lorsqu'elle est appelée à l'exercice de la puissance paternelle, peut toujours faire grâce et abréger la durée de la détention par lui ordonnée ou requise. Mais si, après sa sortie, l'enfant tombe dans de nouveaux écarts, la détention pourra être de nouveau ordonnée (379).

Si le père est remarié, il ne pourra plus employer que la voie de réquisition contre son enfant d'un premier lit, lors même qu'il serait âgé de moins de seize ans (380). Le législateur a craint l'influence d'une marâtre, trop souvent hostile aux enfants du premier lit (1).

Quant à la mère, souvent faible et toujours impressionnable, elle ne peut jamais faire détenir un enfant que par voie de réquisition; et encore, la loi exige-t-elle qu'elle agisse avec le concours des deux plus proches parents paternels (381), ou, à leur défaut, de deux membres du conseil de famille : s'il n'y a pas de conseil de famille, par exemple, en cas d'interdiction du père, on appellera deux alliés ou amis du père (409).

Si la mère est remariée, la loi, craignant l'influence de son second mari, lui refuse le droit de correction, qui appartient alors au tuteur assisté du conseil de famille ; à moins que la mère n'ait été maintenue dans la tutelle, auquel cas elle pourrait, comme tutrice, de concert avec son nouveau mari et avec l'autorisation du conseil de famille, exercer le droit de correction (468).

Lorsque l'enfant a des biens personnels ou qu'il exerce un

---

(1) Est mihi namque domi pater, est injusta noverca.

VIRG. ecl. III.

état, sa détention ne peut jamais avoir lieu que par voie de réquisition, parce que l'enfant qui exerce un état, faisant partie de la société, à laquelle il se rend déjà utile, doit être traité avec plus de ménagement. De plus, dans ces deux cas, il a le droit, l'arrestation opérée, d'adresser au procureur général un mémoire tendant à faire révoquer ou modifier l'ordre du président du tribunal (382). Dans les autres cas de détention par réquisition, l'ordre du président reste inattaquable.

L'art. 383 rend communes aux père et mère des enfants naturels légalement reconnus les dispositions des art. 376, 377, 378 et 379. Il va sans dire qu'il faut aussi leur appliquer les art. 371, 372 et 374.

Les père et mère naturels n'ont pas seulement le droit de correction; ils ont aussi le droit d'éducation, dont le premier n'est qu'une conséquence. Il appartient à chacun sous des conditions analogues à celles établies pour les auteurs légitimes, en sorte que la mère ne pourrait agir qu'à défaut du père. Mais ce principe pourra être et sera souvent, en effet, modifié par les tribunaux, qui devront toujours se déterminer par le plus grand intérêt des enfants.

II. *Droit d'administration.* — Indépendamment de l'autorité qu'ils ont sur la personne de leurs enfants, les parents légitimes ont aussi un pouvoir sur leurs biens : les père et mère légitimes administrent les biens personnels de leurs enfants mineurs non émancipés, trop jeunes pour les gérer eux-mêmes. Ce droit est écrit dans l'art. 389, au titre de la Tutelle.

Il appartient en principe au père. Si le père est incapable ou indigne de cette administration, elle passe à la mère. Si le père et la mère étaient tous deux dans l'impossibilité d'exercer ce droit, soit par incapacité, soit par indignité, il y aurait lieu à la nomination d'un administrateur judiciaire.

L'administration légale n'est pas soumise, comme la tutelle, à la surveillance d'un subrogé tuteur (420), ni d'un conseil de famille (406, 421); elle n'emporte pas non plus hypothèque légale (2121). Mais elle rend celui qui l'exerce comptable, quant à la propriété et aux revenus, des biens dont il n'a pas la jouissance, et quant à la propriété seulement, des biens dont il a la jouissance (389).

L'administrateur légal peut faire seul les actes qu'un tuteur ordinaire peut faire avec le concours du conseil de famille; mais l'homologation du tribunal est nécessaire toutes les fois qu'elle est exigée pour le tuteur.

L'administration des biens étant un droit inhérent à la puissance paternelle, il faut réputer non écrite, comme contraire à l'ordre public, toute condition qui, dans une donation ou un testament, enlèverait aux père et mère l'administration des biens légués ou donnés à leurs enfants.

III. *Usufruit légal.* — Pour indemniser les père et mère des soins et des sacrifices que nécessite l'éducation de leurs enfants, la loi leur attribue la jouissance des biens de ces enfants jusqu'à l'âge de dix-huit ans accomplis, ou jusqu'à l'émancipation qui pourrait avoir lieu avant l'âge de dix-huit ans (384).

Cette disposition a quelque analogie avec ce qui se pratiquait autrefois dans plusieurs contrées de la France, et notamment dans la coutume de Paris, sous le nom de *garde noble* et de *garde bourgeoise.* La garde était le droit que la coutume donnait au survivant des époux d'administrer les personnes et les biens des enfants mineurs; elle conférait au gardien (noble ou roturier) le droit de jouir, jusqu'à un certain âge et sous certaines conditions, des fruits ou revenus des biens de l'enfant. La puberté était ordinairement le terme de cette jouissance.

Dans les pays de droit écrit, cette jouissance était régie par les principes du droit romain relatifs à l'usufruit du père sur le pécule adventice du fils de famille,

Les rédacteurs du Code ont puisé à ces deux législations pour établir à cet égard des règles uniformes.

L'usufruit légal appartient au père durant le mariage, et, après la dissolution du mariage, au survivant des père et mère. Mais il n'existe pas pour les père et mère naturels, dont on ne doit pas récompenser la faute.

Si le père était absent ou interdit, s'il était déchu de la puissance paternelle pour avoir favorisé la débauche de ses enfants (Code pénal, 335), la mère aurait-elle droit à l'usufruit légal ? Nous ne le pensons pas : car la loi l'accordant au père seul durant le mariage, et après sa dissolution au survivant des père et mère, il doit continuer d'appartenir au père, tant que dure le mariage, et la mère n'y peut prétendre tant qu'elle n'est pas survivante. Que si le père est déchu du droit de puissance paternelle, l'usufruit éteint dans sa personne se réunira à la propriété, au profit des enfants, pour ne renaître qu'après la dissolution du mariage, au profit de la mère, si elle survit. Autrement, le but de la loi ne serait pas atteint; presque toujours, en effet, le père indigne profiterait de la jouissance qu'on accorderait à la mère. Un argument en faveur de notre opinion se trouve dans l'art. 141, qui, en cas d'absence du père, confie à la mère l'éducation des enfants mineurs et l'administration de leurs biens, sans parler de la jouissance.

L'usufruit légal est assujetti à certaines charges, qui sont (385) :

1° Celles auxquelles sont tenus les usufruitiers, telles que les réparations d'entretien des biens, le payement des contributions. Mais l'usufruitier légal n'est pas tenu de donner caution (600-616).

2° La nourriture, l'entretien et l'éducation des enfants, selon leur fortune. Remarquons que cette obligation est distincte de celle imposée par l'art. 203, en vertu duquel les père et mère ne sont tenus d'entretenir et d'élever leurs enfants que selon leur fortune personnelle.

3° Le payement des arrérages ou intérêts des capitaux dus par l'enfant au moment où l'usufruit commence. Le législateur n'a pu avoir l'intention de s'occuper, dans le n° 3 de l'art. 385, des intérêts et arrérages à échoir durant le cours de l'usufruit, puisque ces derniers se trouvent déjà à la charge de l'usufruitier en vertu du n° 1 du même article.

4° Les frais funéraires et de dernière maladie des personnes dont les enfants ont hérité. Cette interprétation est seule admissible; car, s'il s'agissait de la dernière maladie de l'enfant, la disposition du Code serait inutile, les père et mère étant déjà obligés, par le droit commun, à supporter les frais de cette nature.

L'usufruit légal ne s'étend pas aux biens que les enfants pourraient acquérir par un travail et une industrie séparés (387); car il faut récompenser les efforts des enfants. Il ne s'étend pas non plus à ceux qui leur seraient donnés ou légués sous la condition expresse que les père et mère n'en jouiront pas (387); ni à ceux leur provenant d'une succession dont le père ou la mère a été exclu pour cause d'indignité, et à laquelle les enfants sont venus de leur chef (730).

L'usufruit légal cesse :

1° Par le second mariage de la mère (386), quand même elle redeviendrait veuve. La loi a voulu empêcher l'usufruit de profiter à des étrangers.

2° Par l'accomplissement de la dix-huitième année de l'enfant. D'un côté, on a craint que le père ou la mère, afin de prolonger l'usufruit, ne refusât d'émanciper l'enfant ou de consentir à son mariage. D'un autre côté, on a voulu que l'enfant trouvât, dans les économies faites pendant les trois dernières années de sa minorité, de quoi subvenir aux premiers besoins de son établissement, sans entamer son capital.

3° Par son émancipation. Peu importe que le bénéfice de l'émancipation soit retiré à l'enfant; cette mesure est toute dans son intérêt, et d'ailleurs le père a renoncé à son droit.

4° Par le défaut de la part du survivant des époux d'avoir fait faire l'inventaire des biens communs prescrit par l'art. 1442.

5° Pár la déchéance de la puissance paternelle résultant d'une condamnation prononcée pour avoir favorisé la débauche des enfants (C. pén., 335).

6° Par la mort de l'usufruitier (617), et sa renonciation à l'usufruit, sauf, pour les créanciers, le droit de la faire annuler si elle leur était préjudiciable.

QUESTIONS.

I. La femme qui refuse d'habiter avec son mari peut-elle y être contrainte *manu militari?* — Non.

II. Le consentement postérieur du mari valide-t-il l'acte passé par la femme non autorisée?— Oui.

III. La femme autorisée à former une demande peut-elle, sans autorisation nouvelle, plaider en appel ou en cassation? — Non.

IV. A défaut du consentement du mari, la justice peut-elle autoriser la femme à faire le commerce? — Non.

V. Le mari de la femme commerçante est-il contraignable par corps? — Non.

VI. La femme séparée peut-elle sans autorisation faire des donations même mobilières? — Non.

VII. Peut-elle s'obliger par des actes étrangers à l'administration de ses biens ? — Non.

VIII. Le donateur peut-il demander la nullité d'une donation acceptée par la femme non autorisée ? — Non.

IX. L'art. 211 est-il applicable aux enfants qui demanderaient à recevoir chez eux leurs ascendants ? — Non.

X. Le père débiteur de son fils peut-il lui opposer le bénéfice de compétence ? — Non.

XI. La belle-mère qui a convolé en secondes noces peut-elle refuser des aliments à sa belle-fille ? — Non.

XII. La dette alimentaire est-elle solidaire ou indivisible ? — Elle n'est ni solidaire ni indivisible.

XIII. Passe-t-elle toujours aux héritiers du débiteur ? — Non.

XIV. La réciprocité des torts est-elle une fin de non-recevoir ? — Non.

XV. Le défaut de résidence dans la maison indiquée est-il un motif suffisant pour faire déclarer la femme non recevable ? — Non.

XVI. Si l'un des époux meurt pendant l'instance en séparation, l'action passe-t-elle à ses héritiers ? — Non.

XVII. La séparation de biens résultant de la séparation de corps a-t-elle un effet rétroactif au jour de la demande ? — Non.

XVIII. Faut-il appliquer à la séparation de corps la révo-

cation des avantages prononcés par l'art. 299 pour le divorce?
— Oui.

XIX. La séparation de corps peut-elle cesser par la seule
volonté de l'époux au profit duquel elle a été prononcée? —
Non.

XX. L'usufruit légal appartient-il à la mère pendant le mariage lorsqu'elle exerce la puissance paternelle à défaut du
père? — Non.

XXI. Peut-on donner ou léguer des biens à un enfant sous la
condition que les père et mère n'en auront pas l'administration? — Non.

XXII. L'usufruit légal revit-il si l'émancipation est révoquée?
— Non.

Vu par le Président de la thèse,
DURANTON.

Vu par le Doyen,
C.-A. PELLAT.